भावनाओं का विस्तार
Unlocking Emotions

Anup Kapoor

Translated by Manoj Nair

Illustrated by Malathi UN

Clever Fox®
PUBLISHING

Chennai • Bangalore

CLEVER FOX PUBLISHING
Chennai, India

Published by CLEVER FOX PUBLISHING 2024
Copyright © Anup Kapoor 2024

All Rights Reserved.
ISBN: 978-93-56488-69-4

This book has been published with all reasonable efforts taken to make the material error-free after the consent of the author. No part of this book shall be used, reproduced in any manner whatsoever without written permission from the author, except in the case of brief quotations embodied in critical articles and reviews.

The Author of this book is solely responsible and liable for its content including but not limited to the views, representations, descriptions, statements, information, opinions and references ["Content"]. The Content of this book shall not constitute or be construed or deemed to reflect the opinion or expression of the Publisher or Editor. Neither the Publisher nor Editor endorse or approve the Content of this book or guarantee the reliability, accuracy or completeness of the Content published herein and do not make any representations or warranties of any kind, express or implied, including but not limited to the implied warranties of merchantability, fitness for a particular purpose. The Publisher and Editor shall not be liable whatsoever for any errors, omissions, whether such errors or omissions result from negligence, accident, or any other cause or claims for loss or damages of any kind, including without limitation, indirect or consequential loss or damage arising out of use, inability to use, or about the reliability, accuracy or sufficiency of the information contained in this book.

Dedicated to my wife Amita for her unconditional love, unwavering support and continuous motivation

निष्ठापूर्वक अभिव्यक्ति

अनूप कपूर जी का काव्य संग्रह ' भावनाओं का विस्तार' मुझे प्राप्त हुआ। मैंने सभी कविताओं को पूरे मनोयोग से पढ़ा। कविताओं ने मुझे आनंदित किया। सरल, बोलचाल की भाषा में लिखी कविताएँ अपनी ओर खींचती हैं। कविताओं में भावना का उद्वेग है। वे उफन पड़ती हैं और कवि के मन के उद्‌ग़ार प्रकट करती हैं। कविताओं की अभिव्यक्ति पूरी निष्ठा के साथ की गई है। कविताएँ बेशक लंबी नहीं हैं लेकिन अपनी बात कह कर ही विराम लेती हैं।

' जाड़े की धूप' कविता में व्यक्ति को घर से बाहर निकलकर धूप का आनंद लेने का संदेश दिया जाता है। कविता में सूरज की किरणें, ओस,फूलों की क्यारी, सभी को समाहित किया है। कवि कहते हैं,

"गौरैयों की टोली बालकनी में

अपने अन्दाज़ में इठलाती

फुदक फुदक कर दाने खा रही है

जाड़े की धूप बाहर बुला रही है।"

जाड़े की धूप में लुप्त होती गौरैया का ज़िक्र कविता का सौंदर्य है।

कवि अनूप जी प्रकृति को बहुत बारीक़ दृष्टि से देखते हैं। वह बारिश में आँसू, पीड़ा, नफ़रत, ग्लानि, निराशा सभी को बहा देते हैं और बटोर लेते हैं हंसी, ठिठोली, आशा और नयी उमंग। पाने और खोने की सूक्ष्म दृष्टि सराहनीय है।

कवि धूप, बारिश के अलावा चिड़ियों की बात करते हुए प्रकृति में खो जाते हैं और कहते हैं,

" सुना था इंसान तो सयाने हैं

पर तरक़्क़ी के ये कैसे पैमाने हैं

सब मटियामेट कर रहे हो

इतनी दौलत किसके लिए समेट रहे हो।"

भौतिकता पर तंज़ कसती कविता सुंदर बन पड़ी है।

वैसे तो कविताएँ अतुकांत हैं लेकिन तुक मिश्रित संयोग अच्छा लग रहा है,

" खेतों में फूल रही सरसों की हलचल

अमवा के बौरों का बढ़ना ये पल पल

फूलों पे इठलाती तितलियों की गुनगुन

मस्ती में झूमते भौरों की रुनझुन "

शब्दों का संयोजन प्रिय लगता है, मधुर लगता है, हृदय में हलचल पैदा करता है।

अनूप कपूर जी ने अपनी कविता ' बसंत का आगमन' में लिखा है,

" ये जो स्नेहिल बसंत हर बार आता है

मेरी किसी इच्छा को फिर जगा जाता है "

कवि का बसंत को स्नेहिल कहना अच्छा लगता है। उन्हें पतंग लूटने में, पेड़ को निहारने में, कोयल के गान में और ख़ुशी की आँख मिचौली में आनंद आता है। कविता ' ख़ुशी' लिखकर वह पाठक को गुदगुदाते हैं।

संग्रह में कविता है ' परहित की कामना' जिसमे सुंदरता से, धड़ल्ले से एक के बाद एक बात परोसी जाती है और तुकांत कही जाती है,

" कर्म से, अभ्यास से

अध्ययन से, प्रयास से

तपस्या से, त्याग से

अहिंसा से, परित्याग से

सत्य से, प्रकाश से

चिंतन से, विश्वास से

मेरे अंदर का दीप

यू हीं टिमटिमाता रहे

रौशनी इतनी हो कि

राह औरों को भी दिखाता रहे।"

कवि 'कड़वा सत्य' भी लिखते हैं और डंके की चोट कहते हैं,

" इतिहास बनता नहीं

लिखा जाता है

सच अपने नज़रिए से

ही देखा जाता है"

सच को सच कहने के लिए या झूठ कहने के लिए चाहिए एक नज़रिया।

कवि को आतंकवाद के प्रति चिंता है। उन्हें दंगों से दुश्चिंता है। एक ही पंक्ति में वे कह डालते हैं कि दंगे किस तरह संतोषप्रद जीवन को उड़ा ले जाते हैं,

" ना जाने किसके ख़्वाबों की आँच

मेरे घर को जला गई "

पुस्तक में बने चित्र बहुत सटीक हैं। वे कविता की भाषा बोलते हैं। कवि इंसानियत को भी ढूँढते हैं और कहते हैं कि हम भाईचारा, निर्मलता, अधिकार, सभी को ढूँढ़ रहे हैं जो लापता होते जा रहे हैं।

काव्य संग्रह को ख़ूबसूरती से अंग्रेज़ी में भी अनूदित किया है जिससे पाठकों की संख्या और बढ़ेगी। पुस्तक पठनीय है, संग्रहणीय है। अनूप कपूर जी का ये पहला प्रयास है। मेरी शुभकामना है कि और संग्रह भी प्रकाशित होते रहें। मैं उन्हें बधाई प्रेषित करती हूँ

शुभकामनाएँ

निशा भार्गव

सुप्रसिद्ध हास्य व्यंग कवियत्री

किसी भी काव्य रचना का प्रादुर्भाव हृदय में व्याप्त करुणा से ही होता है।

व्यक्ति चाहे प्रसन्न हो या दुखी हो , किंतु काव्य के सृजन के लिए अनिवार्य आधार हृदय में उत्पन्न होने वाली करुणा ही है। श्री अनूप कपूर हमारे अत्यंत आत्मीय एवं अंतरंग बंधु है।

इन्होंने कॉरपोरेट जगत में अपनी योग्यता के आधार पर स्वयं को सुप्रतिष्ठित किया है। अब काव्य जगत में भी सुप्रतिष्ठित होने का समय आ गया है।

इस यात्रा के मध्य उनके हृदय में काव्य का स्रोत भी फूट गया जो अत्यंत हर्ष का विषय है।

अपनी जीवन यात्रा में नाना प्रकार के उतार चढ़ाव का सामना करते हुए उनके हृदय में भी कोमल काव्यात्मक भाव का प्रवाह उत्पन्न

हुआ।

मैंने उनकी कविताओं के इस संग्रह में से कुछ का अनुशीलन किया। उससे यह प्रतीति होती है कि कवि मानवीय मूल्यों के साथ पूर्ण रूप से संपृक्त है।

व्यक्तिगत स्तर पर जो मुलायम भावनाएं हैं । उनकी संतुलित एवं सम्मानजनक अभिव्यक्ति करने के साथ ही कवि ने जीवन में वेदना के कई स्तरों पर भी अपने भाव को पूर्ण सफलता एवं संवेदना के साथ अभिव्यक्ति प्रदान की है ।

उनका यह प्रयास श्लाघनीय है ।

कवि अपने भाव में कहीं पर भी स्वार्थी दिखाई नहीं देता । यह महत्वपूर्ण बात है ।

मैं एक बात स्पष्ट कर दूं प्राय: यह माना जाता है कि लेखक या कवि अपने अनुभवों को ही कागज पर उकेरते हैं किंतु सदैव यह सत्य नहीं होता । व्यक्ति अपनी विस्तारित संवेदना के आधार पर उन विषयों पर भी चर्चा कर सकता है , लेखन कर सकता है जिसका उसके अपने व्यक्तिगत जीवन से कोई संबंध ना हो । किंतु लेखन से व्यक्तित्व के विषय में कुछ पारदर्शी संदर्भ अवश्य स्पष्ट हो जाते हैं ।

यहां पर बहुत अधिक कुछ कहने का अवकाश नहीं है किंतु मैं प्रारंभ की कुछ कविताओं के उदाहरण से कवि के भाव को समझने का प्रयास करता हूं ।

"गमो का पुलिंदा तुम्हारा भी कम नहीं

यही सोच के अश्कों को दबाना सीख लिया

कोई दिल की बात हमारी भी ना समझे

हर बात पर हमने भी मुस्कुराना सीख लिया "

वास्तव में यह जीवन दर्शन है । हम सभी अपने दुख को अन्य लोगों के दुख के ऊपर रखकर के ही देखने के अभ्यस्त हैं । जबकि मैं अपने आध्यात्मिक अनुभव से सुनिश्चित रूप से यह समझता हूं कि औरों के कष्ट इतने जटिल हैं कि आप अपना दुख भूल जाएंगे ।

इसके अतिरिक्त यह भी आवश्यक नहीं है कि आपके दिल की बात कोई समझ ही ले। अतः किसी से बिना किसी अपेक्षा के स्वयं में सहज रहना ही व्यक्तित्व को नष्ट हो जाने से बचाने के लिए अनिवार्य तत्व है।

एक अन्य कविता में कवि कहता है

"अबकी बारिश में मैंने

बहुत कुछ बहा दिया

अपने आंसू पीड़ा ,

नफरत, ग्लानि,

निराशा, दबी यादें

और बढ़कर बटोर ली

बूंद में छम छम करती

हंसी , ठिठोली, आशा ,नई उमंग"

सकारात्मक रूप से जीवन जीने के लिए

To give up is not accepted for a positive life, but let it go is the most important tool to enhance the intricate values of life and liveliness.

जो छोड़ नहीं सकता वह जीवित नहीं रह सकता। विस्मृति मनुष्य के जीवन का आभूषण है । यदि आपको सब कुछ स्मरण रहे तो आप पागल हो जाएंगे । आप रात्रि कल में जब शयन करते हैं तब अपनी रूपवती-पत्नी , योग्य संतान, बड़ा बंगला , बैंक बैलेंस तथा समस्त उपलब्धियां को भूल करके ही करते हैं। यदि याद रखेंगे तो आंखों में नींद कभी नहीं आएगी ।

इसी प्रकार से जीवन में भी आगे बढ़ाने के लिए कुछ भूलना आवश्यक होता है। प्रसन्नता है कि इस मूल तत्व को कवि भली भांति समझता है।

एक उदाहरण और दूंगा।

" हृदय उद्वेग से परिपूर्ण हो

तब भी जिसमें क्षमा का भाव हो

हर तरफ प्रशंसा हो रही हो

तब भी जो सहज, कृतज्ञ हो"

सफलता को पचा पाना बड़ा कठिन होता है तथा जो वास्तव में सामर्थ्यवान होता है वही क्षमा करने की क्षमता भी रखता है। कवि अपने व्यक्तिगत जीवन में सामर्थ्यवान होते हुए भी उदार भाव संयुक्त है तथा उसके संसाधन उसके व्यक्तित्व को आवृत्त नहीं करते। यह इस काव्य से स्पष्ट होता है जो कि संतोष का विषय है।

बहुत कुछ इन काव्य रचनाओं के संकुल के विषय में कहा जा सकता है , किंतु वह यहां का विषय नहीं है।

अपने भाव को विश्राम देने के पूर्व में ठाकुर श्री राधा रमण लाल से प्रार्थना करता हूं कि प्रिय अनूप कपूर के काव्य संसार की निरंतर वृद्धि हो। उनकी संवेदनाएं मानवीय सरोकारों को समेटती हुई काव्य जगत के आकाश में और विस्तार प्राप्त करें।

श्री अनूप कपूर के इस साहित्यिक अवदान से काव्य प्रेमी नवीन दृष्टि प्राप्त कर सकें तथा भविष्य में भी उनकी लेखनी से कुछ अद्‌त, कुछ मानवीय ,कुछ संवेदनाओं से युक्त लेखन से तादात्म्य स्थापित करने का अवसर प्राप्त हो। ऐसी आशा करता हूं। उनकी इस साहित्यिक यात्रा हेतु मेरी हार्दिक शुभ मंगल कामना।

॥ शुभम भवतु कल्याणम ॥

आचार्य श्री अमिताभ जी महाराज

"शायरे फितरत हूँ मै, जब फिक्र फरमाता हूँ मै

रूह बन कर जर्रे-जर्रे में समां जाता हूँ मै"

जिगर मुरादाबादी का ये शेर एक शायर की संवेदनशीलता और उसकी कुव्वत को बयाँ करता है जिससे वो इस कायनात से, संपूर्ण प्रकृति से एकाकार कर लेता है। मुझे " भावनाओं का विस्तार" एक ऐसा ही प्रयास लगता है जिससे अनूप ने जीवन के हर रंग को, हर एहसास को, हर आयाम को छू लिया है।

कभी ख़ुद का विस्तार कर प्रकृति से एकाकार होने और कभी प्रकृति को और जीवन को अपने भीतर समेट लेने की संवेदना।

अनूप ने कॉर्पोरेट जगत की शुष्क दुनिया में ऊँचाई हासिल करने के साथ और इतनी व्यस्तता में अपने हृदय के जीवंत और हरे कोने को बचाये रखा, यह एक उपलब्धि है।

मनोज जी का भावानुवाद और मालथी जी का भावांकन भी बेहतरीन है।

हमारी असीम शुभकामनाएँ और ढेर सारी बधाई।

ब्रजेन्द्र मणि त्रिपाठी

भूतपूर्व जनपद न्यायाधीश

My offering in gratitude:

"Evocative poems that have put words to emotions, compelling the reader to engage and reflect on the same, in themselves. The compilation celebrates who we are - good, bad ugly and more - in simple relatable settings.

Anup through this gives us permission to feel love, longing, hope, emptiness, loss - we are after all human.

Loved them all!"

Many Thanks,

Priya Ramesh

Executive Coach, Speaker, Performing Artiste

Anup, the poet, brings out the complete spectrum of emotions and feelings experienced by us in our lives in a very lucid and impactful way .His simplicity yet profoundness of expression in poetic words through the prism of reflections on day to day living brings out the splendor of the rainbow of life. The beautiful illustrative sketches and relevant english translations make this a poetry book to treasure for one and all.

Anantha Radhakrishnan

CEO & MD , Infosys BPM Ltd.

PREFACE

*I*t was 2018, and three things happened in quick succession. The first one was at home when my wife, Amita, one day, asked me to start penning down my thoughts. She knew I had a sensitive and poetic heart but had always hesitated to bring these feelings into the open. This was when we had just moved into our new home in a beautiful society in Noida, NCR Delhi. In a chance meeting of a few poetry lovers one evening, a poetry group was formed by the name of Adab-e-Pristine. In that meeting, we decided to hold our baithaks (meetings) monthly, and since then, we have continued the tradition. I decided to write and recite at least two poems in this august gathering.

While this was gaining momentum, my company held a workshop on 'Authentic Leadership.' The workshop's leader called me to the stage impromptu to recite a poem after he learned about my love for poetry from someone. I got a wonderful response from my colleagues in the room.

My poetry journey continued, and I kept writing and reciting poems at various forums whenever possible. There were suggestions from friends, fellow poets and family to compile my poems into a book. After many months of thought and reassuring myself about the need to bring it out before a larger audience, I decided to publish a collection of my poems. As I was still tentative about the timing and the form, I thought of collaborating with my two wonderful colleagues, Manoj Nair, a celebrated haiku writer and Malathi UN, who expresses her emotions beautifully through sketches. After a few meetings, we decided to integrate my Hindi poems with English translations by Manoj, supported by Malathi's sketches. This book, *Bhaavnaon ka Vistaar- Unlocking Emotions,* is our beautiful collaboration.

I would like to thank my two wonderful, gifted daughters, Ishita and Bhhavya and two amazingly talented nieces, Pawaki and Suramya, for their critical reviews and inputs to make my poems more profound. The appreciation and love I have received from my fellow poets of Adab-e-Pristine have motivated me to keep looking inside and outside of me in search of newer emotions and words to craft them into poetry. My poems reflect the honest and pure emotions flowing through me, making me a vibrant and aware person.

I want to thank my family members, friends and colleagues for always reassuring and supporting me mentally and emotionally. I acknowledge the role of my hometown Allahabad (now Prayagraj), a true sangam of knowledge (Gyan) and devotion (Bhakti) where intellectual and philosophical discourses can be found in the air, in its streets, tea stalls, in study circles.

My life journey through eight schools/colleges, six companies, twelve cities, and numerous official trips abroad have made me more tolerant, resilient and respectful of various cultures and regions. I pray to God to grant me wisdom and unconditional love for all.

Anup Kapoor
anupkapoor1411@gmail.com

1

सीख

ज़िंदगी ने जब जब परखा हमें
जीने का नया तरीक़ा सीख लिया
वक़्त सबको आइना दिखा देता है
हमने अपने आप को देखना सीख लिया

ग़मों का पुलिंदा तुम्हारा भी कम नहीं
यही सोच के अश्कों को दबाना सीख लिया
हश्र हमारा भी वही होगा जो औरों का
यही सोच ख़ुशियों को लुटाना सीख लिया

कई परतों में लिपटे मासूम इरादों को
हमने बारीकी से सुलझाना सीख लिया
कोई दिल की बात हमारी भी ना समझे
हर बात पे हमने भी मुस्कराना सीख लिया

बेबसी का सबब हमसे अछूता तो नहीं
अहसास को शब्दों में पिरोना सीख लिया
बन जाएँ किसी की हंसी का हिस्सा
अपने को इस क़ाबिल बनाना सीख लिया

ऐ ज़िंदगी तेरे क़िस्से सुन सुन कर
हमने तुझसे दिल लगाना सीख लिया
तेरी हर कसौटी से गुजर कर
जीने का नया बहाना सीख लिया

Resilience

Whenever life challenged me
I adapted to the new way of living
Time—it holds a mirror to us
I have learnt to reflect deeply

There is enough grief in the world
So I decided not to show my grief
We will all have the same ending
I have learnt to spread the joy

Sinister thoughts hidden under the skin,
I understand them now better
To hide my own feelings
I have learnt to smile

I am not unknown to helplessness
Now I give words to my feelings
To fill others with happiness
I have learnt to improve myself

Oh life—your stories regale me
I have learnt to fall in love with you
Crossing every challenge you throw at me
I have found a reason to live again

2

जाड़े की धूप

अलसायी सुबह से लड़ती
खिड़की से छन छन कर
सुनहरी किरण आ रही है
जाड़े की धूप बाहर बुला रही है

नरम घास पे ओस की बूँदें
किसी शीशे की मानिंद
चमक चमक कर रिझा रही हैं
जाड़े की धूप बाहर बुला रही है

गौरैयों की टोली बालकनी में
अपने अन्दाज़ में इठलाती
फुदक फुदक कर दाने खा रही है
जाड़े की धूप बाहर बुला रही है

मखमली दूब पे चादर बिछा के
बैठे दोस्तों की हंसी ठिठोली
रह रह के लुभा रही है
जाड़े की धूप बाहर बुला रही है

हर रंग के फूलों की क्यारी में
पीले नारंगी गेंदो की कतारें
हँस हँस के मन मोह रही हैं
जाड़े की धूप बाहर बुला रही है

सर्द मौसम के स्वागत में
सड़कों पर सजी दुकाने
बढ़ बढ़ के हाथ पकड़ रही है
जाड़े की धूप बाहर बुला रही है

इंतज़ार में थे इस मौसम के
हर ख़ुशी बटोर लेंगे
सौंधी सौंधी गरम धूप को
हम अपने दिल में भर लेंगे
देखो फिर वो आवाज़ लगा रही है
जाड़े की धूप हमें बाहर बुला रही है

Winter Sun

Laziness fights with the morning
Dancing though the window
Comes the dazzling sunlight
The winter sun is calling out

Dewdrops on the soft grass
Like tiny reflecting mirrors
Shining and dazzling
The winter sun is calling out

A band of sparrows on the balcony
Swaggering in their style
Jumping and pecking at the grains
The winter sun is calling out

A group of friends
Sitting on the velvety grass
Their laughter and fun allure me
The winter sun is calling out

Flower bed with all the colors
Yellow-orange marigolds in line
Makes my heart smile
The winter sun is calling out

In welcome of the cold season
The shops have worn a festive look
They reach out to grab my hand
The winter sun is calling out

I have waited for this season
To be full of happiness
Sweet smell of the warm sunlight
Fills my heart

Look, it's calling out again
The winter sun is calling out

3

बहा दिया

अबकी बारिश में मैंने
बहुत कुछ बहा दिया
अपने आसूँ, पीड़ा
नफ़रत, ग्लानि
निराशा, दबी यादें
और बढ़कर बटोर ली
बूँदो में छमछम करती
हसीं, ठिठोली
आशा, नयी उमंग

Let It Go

In the monsoon rains this time
I decided to wash away my tears
Grief, hatred, remorse
Pessimism, suppressed feelings
And from the raindrops
I have collected
Laughter, frolic
Optimism, enthusiasm

4

उसका साथ

इश्क़ मजबूरी नहीं जज़्बा है मेरा
सपने भी उसकी आँखों से देखता हूँ
उसका अहसास कुछ ऐसा रूह तक उतरा
अपने होने का वजूद भी उसी में देखता हूँ
मंज़िल की तलाश में अब नहीं फिरता
उसके साथ बीते लम्हों में दौलत देखता हूँ
सुकून बहुत है अब मगर भटकने के बाद
जबसे उसको अपने क़रीब देखता हूँ
डर लगता है मगर बिछड़ने से उसके
कैसे जिएगा वो मेरे बग़ैर सोचता हूँ
गर मुँद गयी जो थकती आँखें मेरी
अपनी धड़कनो से मेरी ज़िंदगी जी लेना
बड़ा मुश्किल है अकेले जीना पर तुम
आइने में मुझे अपना चेहरा समझ लेना
हवा की सरसराहट में धड़कती साँसे मेरी
तुम फूलों की ख़ुशबू उनसे ले लेना
चलते क़दम जब भी थक जाएँ तुम्हारे
प्यार भरी उन बातों को याद कर लेना
प्यार भरी उन बातों को याद कर लेना

Eternal Love

Love is not a compulsion; it is my emotion
I even see my dreams through her eyes
Her feelings entered my consciousness such
That I seek my existence in her
I don't wander in search of my destination now
My wealth is in the moments I spent with her
I am at peace now after my journeys
Now that I see her next to me
I fear parting away from her
How will she live without me, I wonder
If my tired eyes close forever
Live my life through your heartbeats
It will be difficult to live alone
Find me in your reflection in the mirror
The rustling wind will carry my breath
Feel them in the fragrance of flowers
And when your feet tire of walking
Think of the love we had for each other
The good time we spent together

5

पहचान

कठिन समय सबका आता है
बदलता है अपने प्रयासों से या
समय के प्रवाह में बह जाता है
पर हमारी एक पहचान छोड़ जाता है

अपनी लघुता का एहसास हो
जब विकल्प का अभाव हो
तब भी जो प्रयासरत रहे
अपनी एक पहचान छोड़ जाता है

भरोसा दिला के छला गया हो
कदम कदम पे धोखा मिला हो
तब भी जिसका विश्वास अडिग हो
अपनी एक पहचान छोड़ जाता है

मन में प्रतिशोध की आग हो
हृदय उद्वेग से परिपूर्ण हो
तब भी जिसमे क्षमा का भाव हो
अपनी एक पहचान छोड़ जाता है

सफलता कदम चूम रही हो
हर तरफ़ प्रशंसा हो रही हो
तब भी जो सहज, कृतज्ञ हो
अपनी एक पहचान छोड़ जाता है

आसान नहीं है कठिन समय में
दर्पण में अपना स्वरूप देखना
जिसमे ये हौसला आ गया
वो अपनी एक पहचान छोड़ जाता है

Identity

We pass through difficult periods
It changes through our efforts
Or is swept away with the time
We build our identity with it

Our abilities may not be sufficient
Alternatives may also be few
And we still make efforts
We build our identity with it

In trust, we got deceit
Every step was duped
And our faith still unwavering
We build our identity with it

In anger, seeking revenge
The heart full of anxiety
And we still want to forgive
We build our identity with it

Success is a constant companion
Praise is all around
And we still remain humble
We build our identity with it

Going through a bad phase
It is not easy to reflect
But we have the strength to do it
We build our identity with it

6

ढूँढो मुझे

सिर्फ़ जानो नहीं समझो मुझे
हो सके तो दिल में उतरो मेरे
रूप रंग तो लिफ़ाफ़ा है महज़
अंदर हूँ बंद उसके ढूँढो मुझे

विचारों के प्रवाह में मिलो
सुनो या कह दो बातें सारी
कभी अनकहे ही कह डालेंगी
छुही अनछुही संवेदनायें हमारी

भावनाओं के विस्तार को देखो
कितने ही रंग हैं उसके
कभी उभरती है सूर्य बनके
तो कभी सो रहती है रात जैसे

इच्छाओ के मर्म को जानो
अनगिनत रूप है उसके
यथार्थ के धरातल पे या
कल्पनाओं में मिलो उनसे

संभावनाओं की परतें खोलो
दबी कुम्हली मुरझायी उपेक्षित
पंख खोलने को तैयार हैं बैठी
ढूँढ रहीं हो संबल जैसे

तुलनाओं के जाल से निकलो
सब का है अस्तित्व अनूप
प्रतिभा माँजने का हुनर लेके
आओ तराशो मेरा स्वरूप

उच्चता के दंभ को छोड़ो
छोड़ो पुरानी जग की रीत
रूप रंग से ऊपर उठकर
देखो मेरे मन की प्रीत

Explore My Perspective

To know me beyond the obvious
Dive deep into my heart
My appearance is just an envelope
You will find me within it

Soak in my flow of ideas
Listen or say all you want to
And sometimes, without saying
Our feelings will convey all

Look at my range of emotions
How many colours does it have
Sometimes, it emerges as the sun
And sometimes, it sleeps like the night

Know the essence of my desires
It has many forms
Meet them on the ground of reality
Or find them in my fantasies

Open up my layers of capabilities
Suppressed, wilted, withered, neglected
Ready to open its wings
They are looking for some strength

Break the trap of comparisons
Everyone's identity is unique
With the skill of nurturing talent
Come refine my form

Let go of the arrogance
Make the new world
Rising above the appearance
Look at the love of my heart

7

मुखौटा

मुझे जो शख़्स सबसे बेहतर जानता हैं
वो आइने के पीछे से बाहर नहीं आता

ना जाने कितने राज़ छुपा रखे है उसने
मेरी इजाज़त के बग़ैर वो बाहर नहीं लाता

समझने समझाने का दौर रोज़ चलता है
मुखौटा अपना मैं फिर भी उतार नहीं पाता

चलो बंधन तोड़ के वो सब कह भी दे
पर क्या भरोसा है कि वो सही आंका जाता

हर क़दम को जो सही और ग़लत में तौलते है
दिल की बात अब कैसे मैं उनको बतलाता

सोचा क़िस्से कहानी में ही सब कह दूँ
पर फ़ुरसत से अब कोई सुन भी तो नहीं पाता

वजूद यहीं है और जाने पर सब राख हो जाएगा
फिर भी आइने के काँच को वो तोड़ नहीं पाता

माहौल को कुछ तो हल्का रखा करो यारों
दिल की बात खुल के कोई कह भी नहीं पाता

Mask

He who knows me best
I see him in the mirror

I do not know how many secrets he holds
Without my permission, he doesn't let them out

This cycle of persuasion goes on
Yet, I am unable to let my mask down

Let me break my fears and talk about my feelings
Will it ensure that I am understood correctly?

Those who judge all actions as right or wrong
How could I tell them about my desires?

I could tell them in the form of a story
But no one has the time to listen

Our existence is temporary
Yet, I don't reflect my true identity

Don't judge all the time my friends
Let people speak up as they feel

8

उम्मीद

वस्ल-ए-यार की उम्मीद कैसे छोड़ दूँ
बहिश्त में मुलाक़ात अभी बाक़ी है

राह तकता हूँ इस ज़मीन पर क्यों
इस सराय में उसका सामान जो बाक़ी है

उससे मिलने की जल्दी क्यों ना की
शरीर में कुछ हसरतें जो अभी बाक़ी है

ग़म ज़माने का भुला क्यों नहीं देता
कुछ ज़ख़्मों की ख़लिश अभी बाक़ी है

धरती पर उसे खोज भी लेता मगर
मन में दुविधा जो अभी बाक़ी है

ईमान और कर्म का हिसाब तो रख लेते
इसी इल्म का अहसास तो अभी बाक़ी है

ज़मीर साफ़ है क्या अगर पूछा उसने
इसी डर से कुछ साँस अभी बाक़ी है

Longing

How can I give up hope of my beloved
We still have to meet in heaven

Why do I wait for her on earth?
In this body, her precious thing still lives

Why did I not hurry to meet her?
I still have a few desires to fulfil here

Why do I not forget this world's sadness?
There is still some pain from those old wounds

I would have found her on this earth
But there is still some dilemma in my mind

I could have kept a tab on my conscience and actions
There is still an opportunity to gain this knowledge

If she asks, is my conscience clear?
This fear is keeping me alive

9

अधूरापन

हुजूम बढ़ रहा है
सब्र के बांध टूट रहे है
खोल दो मयखाना अब तो
रिंद बेक़रार हो रहे हैं

अतीत से भाग रहा हूँ मैं
ये वर्तमान से परेशान है
सपनों की चादर बुन रहा वो
सब होश खोने के इंतेज़ार में है

ये जो गुमसम सा खड़ा है
उसका पीना तो बस बहाना है
मन की बात कह डाले अपनी
ऐसे अजनबी को दोस्त बनाना है

देखो वो जो बहुत बोल रहा
दरअसल अंदर से बेचैन है
साक़ी के दो प्यालों में
मिल जाता उसे अपना मौन है

ये जो मंद मंद मुस्कुरा रहा
तृप्त उसकी हर आस है
रिश्ते नातों की भीड़ से दूर
मय से बुझती इसकी प्यास है

ये जो तन के है खड़ा
जीवन में अव्वल भाग रहा है
बहुतों की प्रेरणा का स्त्रोत
कितनी ही रातों से जाग रहा है

ये जो पीके अपशब्द कह रहा
अंदर नफ़रत से भरा हुआ है
उतार के अपना नक़ली चेहरा
अब इत्मिनान से बैठा हुआ है

मैं भी इनमे से एक हूँ
थोड़ा स्याह थोड़ा सफ़ेद
गवाह इस ढलती शाम का
जब मिटते बिसरते सारे भेद

बंद करदो मयखाना अब
सबको घर भी तो जाना है
अपना अधूरापन पूरा करने
इनको वापस कल यहीं आना है

Emptiness

The crowd is swelling
Their patience is being tested
Open up the taverns now
The revelers are getting restless

I am running from my past
He is troubled by his present
Some are dreaming of a bright future
Everyone is waiting to let go of their senses

He who is standing silent
Drinking is just a medium
Looking for a friend with whom
He can share his feelings

He, who is talking a lot
In fact, is very troubled inside
In the bartender's two pegs
He finds his solace

He, who is smiling gently
In fact, is satisfied of all his desires
Away from his family and friends
He quenches his thirst

He, who is standing tall
In fact, is perfectly running the race
Though an inspiration for many
He lies awake most nights

He, who is mouthing expletives
In fact, is filled with hatred inside
Having removed his mask
He is in his true colours now

I am also one among them
A bit black, a bit white
This waning evening is witness
When all differences fade away

It's late, close the tavern now
Everyone has to go home
To fill their empty voids
They will return tomorrow

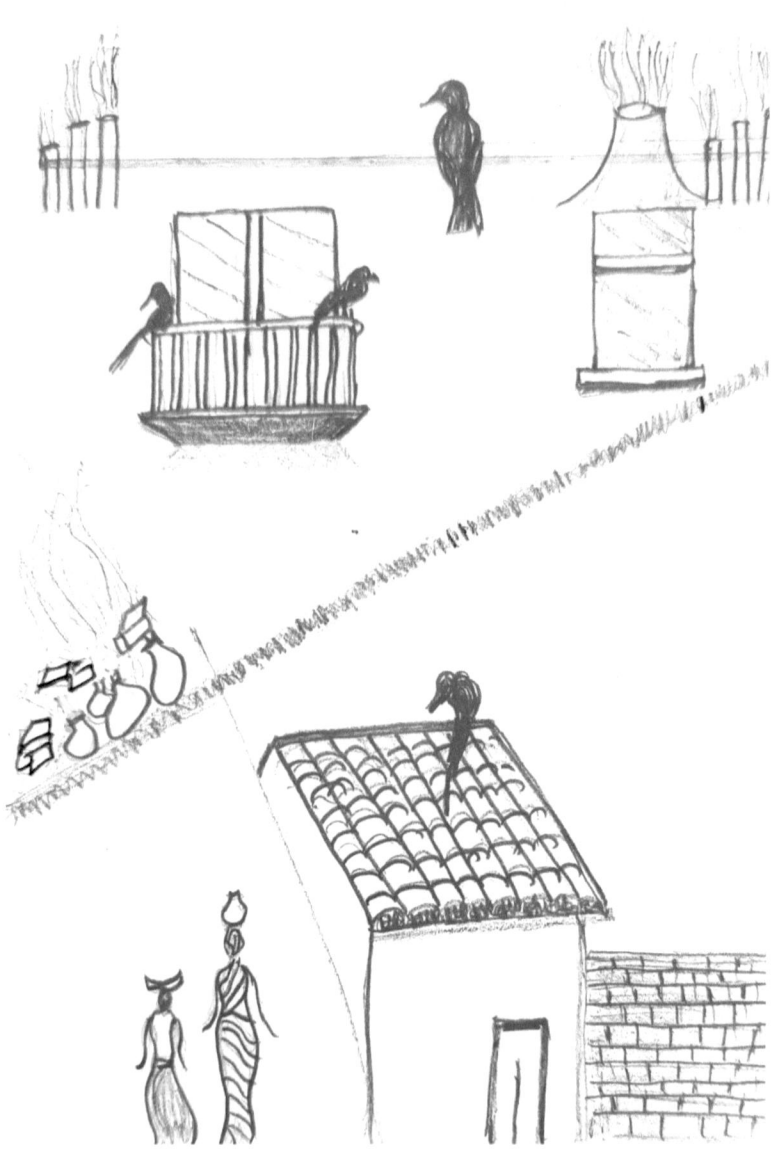

10

चिड़िया का उपदेश

मैं बाल्कनी में चिड़ियों को
दाना खाते देख रहा था
बच्चे तो खाने में मगन थे
मगर बड़े वाले चौकन्ने थे

उन्मे से जो अनुभवी था
थोड़ा क़रीब आके बोला
क्या कर रहे हो
हम सबके पीछे क्यों पड़े हो

दाना कड़वा और ज़हरीला है
पानी भी कसीला है
फेफड़ों में मेरे भारीपन है
हवा में साँस बहुत कम है
एक पड़ोसी चिड़िया थी
उसकी तो नस्ल ख़त्म हो गयी
मेरा शरीर गल रहा है
तुम्हारा कैसे चल रहा है

हम गौरैया अभी बचे हैं
डरते हैं आगे क्या होगा
अगर भगवान से फ़रियाद करें
तो क्या हमारा भला होगा

पर देखता हूँ तुमने उनको भी
दान दक्षिणा से ख़रीद लिया है
तुमने जो पैसा ईजाद किया है
उससे सब का मुँह बंद कर दिया है

सुना था इंसान तो सयाने हैं
पर तरक़्क़ी के ये कैसे पैमाने है
सब मटियामेट कर रहे हो
इतनी दौलत किसके लिये समेट रहे हो

तुम जानते हो क्या सही है
पर उसपे अमल कर नहीं पाते
ये भी जानते हो क्या ग़लत है
पर उससे दूर रह नहीं पाते

कहते हो पंचतत्वों से बना है शरीर
पर करते तुम प्रकृति का अपमान हो
अहम्ब्रह्मस्मी का नारा लगाके
जताते अपना कोरा ज्ञान हो

ये इतिहास के खंडहर भी
तुमको कुछ नहीं सिखाते
संतुलन ही जीवन का सच है
क्या इतना भी नहीं बतलाते

वक़्त है अब भी संभल जाओ
अपनी इच्छाओ पर थोड़ा क़ाबू पाओ
ख़ुशियाँ सिर्फ़ बाहर ढूँढते हो
अलख अंदर है उसे जगाओ

A Bird's Sermon

I was in the balcony
Watching the birds peck on grains
The little ones were engrossed
But the elders were watchful

The most experienced of the lot
Came a bit closer
And whispered to me
Why are you after our lives?

The grains are bitter and poisonous
The water is pungent
My lungs are feeling heavy
There is little breath in the air

Another bird by the side
Had lost its family
Said, my body is slowly melting away
How is it going for you?

We sparrows are left
Afraid of what's to come
If we pray to the almighty
Will good things come our way?

But I see that you have bought him
With your gifts and donations
That money which you invented
Is keeping everyone mum

I had heard that humans are clever
But what is this measure of your progress?
You are destroying everything
Why are you hoarding so much?

You know what is right
But you are unable to do what is right
You also know what is wrong
But you can't keep away from it

It is said that the body is made of five elements
But you are insulting nature
Shouting that you know everything
You show your emptiness

These ruins of history
Don't teach you anything?
Balance is the only truth of life
Don't they tell you that?

There is still time; uphold yourself
Control your wants a bit
Your search for happiness outside is futile
It is within you; awaken it

11

ख़ुशी

पहले पतंग लूटने में
इकट्ठा करने में
फिर बाँटने में और
अब सिर्फ़ कल्पना में
समय के साथ ख़ुशी के
मायने बदलते गए
अनुभव के लेप लगाकर
हम भी बड़े होते गए

पेड़ को निहारने में
बौरों के आने पर
कोयल के गाने पर
और आम के ज़ायक़े में
कुछ नहीं बदला
ये ख़ुशी अनवरत है
इसे शिद्दत से अपनाकर
हम बड़े होते गए

अपना कुछ देकर
ख़ुशबू बिखेर कर
कंधे पर हाथ रख

थोड़ा सहारा देकर
ख़ुशियों के कुछ मायने
ज़रा भी नहीं बदले
सब तक़ादो को भूलकर
हम बड़े होते गए

वक़्त के दायरे में
शरीर रूपी खोल में
मन के अंदर
विचारो के प्रवाह में
ख़ुशी की आँख मिचौली
वैसे ही चलती रही
जब मिली तो मुट्ठी में भरकर
हम भी बड़े होते गए

कभी ख़ुशी के साथ
तो कभी उसकी चाह में
हम बड़े होते गए
हम बड़े होते गए

Happiness

First in running after kites
Collecting them
Then sharing them
But now, only in our imagination
With time, the meaning
Of happiness changed

Coated with experience
We grew with time

Look at the trees
The approach of dawn
The song of the cuckoo
The flavour of mangoes
Nothing has changed
This happiness is eternal
The heart always yearned for it
We grew with time

Giving a bit of ourselves
Spreading the fragrance of joy
A helping hand on the shoulder
Providing a little support
The meaning of happiness
Didn't change at all
Forgetting all our arguments
We grew with time

In time's frame
In the body
In our minds
In the stream of thoughts
Happiness played hide and seek
When it came, we grabbed it
We grew with time

Sometimes with happiness
Sometimes, in search of it
Time passed by
We grew with time

12

परहित की कामना

भक्ति से, शक्ति से
बुद्धि से, व्यक्ति से
ज्ञान से, विज्ञान से
देश से, ईमान से
शांति से, ध्यान से
विद्या से, वरदान से
मेरे हौसले का सूत्र
चाहे जिससे जुड़ा हो
कुछ भी हासिल हो
मेरे क़द से बड़ा हो

कर्म से, अभ्यास से
अध्ययन से, प्रयास से
तपस्या से, त्याग से
अहिंसा से, परित्याग से
सत्य से, प्रकाश से
चिंतन से, विश्वास से
मेरे अंदर का दीप
यूँ ही टिमटिमाता रहे
रोशनी इतनी हो कि
राह औरों को भी दिखाता रहे

चिंता से, लोभ से
संदेह से, फ़रेब से
डर से, अज्ञान से
दुष्ट से, बेईमान से
झिझक से, मोह से
विरह से, विछोह से
मेरे क़दमों का वेग
अब रुक ना सकेगा
हमक़दम जुड़ते जाएँगे
और कारवाँ बनता चलेगा
कारवाँ बनता चलेगा

Benevolence

With devotion, with strength
With intelligence, with personality
With knowledge, with science
From the country, with respect
With calmness, with care
With wisdom, with blessings
The source of my courage
Whatever it is associated with
I should achieve something
Bigger than me

With hard work, with practice
With care, with diligence
With penance, with sacrifice

With nonviolence, with renunciation
With truth, with light
With thought, with confidence
My inner conscience
Should continue blinking
Let the light be so
It can show the way to others

From anxiety, from greed
From suspicion, from hoax
From fear, from ignorance
From wickedness, from dishonesty
From hesitancy, from tentativeness
The pace of my steps
Cannot be stopped
Good people will keep joining
And the caravan will go on
The caravan will go on

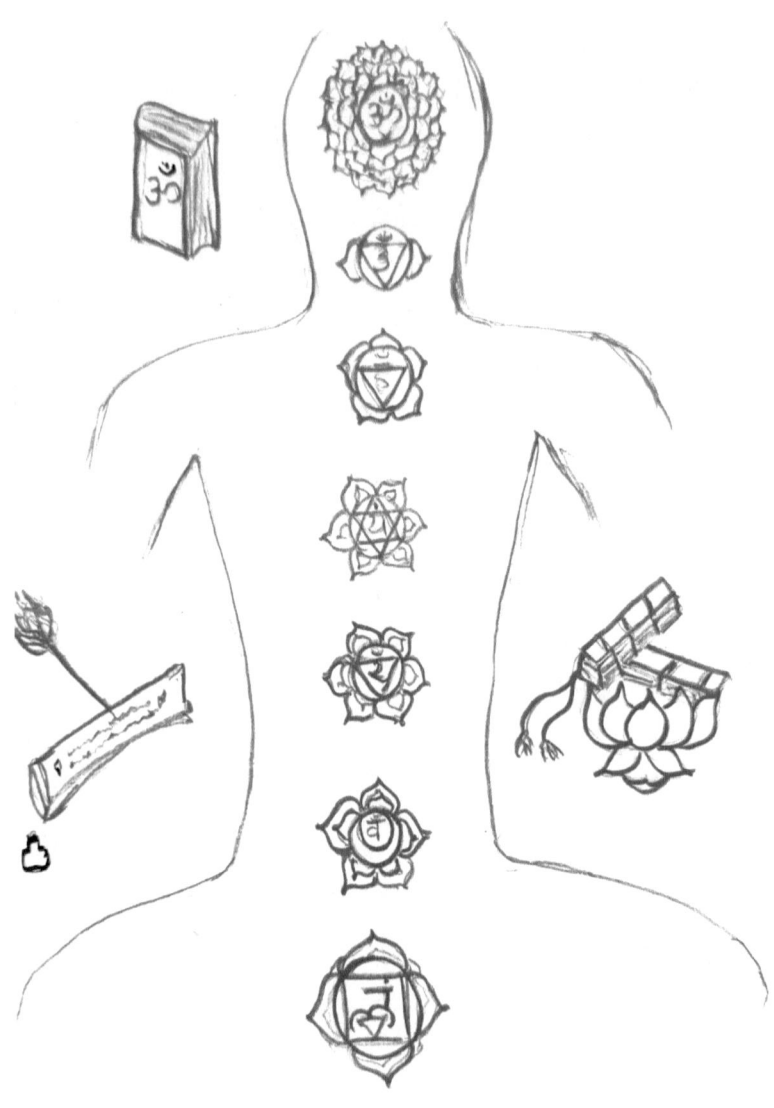

13

अस्तित्व की खोज

सदियों से जो अपना
अस्तित्व स्वयं तलाश रहा
मेरे वजूद का स्वरूप
वो दावे से बतलाता है

जड़ चेतन को मान
त्रिगुण में सत्य को खोज रहा
कभी स्वयं में लीन
वो योग समाधि लगाता है

न्यायशास्त्र के सूत्र पढ
मुझे प्रमाण में ढूँढ रहा
कभी ऊर्जा का स्त्रोत
सूक्ष्म परमाणु में पाता है

वेदज्ञान से अभिभूत हो
कर्मकांड को अपना रहा
अद्वैत के सिद्धाँत से
कभी ब्रह्मज्ञान को पाता है

खुद को भक्त मान
मुझे कृष्ण बना रहा
अपने से अलग बताकर
वो मुझमें लीन हो जाता है

सुख ही जीवन जान
कभी जीवन में दुःख देख रहा
सत्य के दृष्टिकोण अनेक
मोक्ष को लक्ष्य बतलाता है

भटक रहा है मानव
दुविधा में पड़ जाता है
क्यों किसी के सत्य के
बहकावे में आ जाता है

झांक ले भीतर अपने
सत्य अपना मिल जाएगा
अपने अंदर के जीव को
अस्तित्व ज़रूर मिल जाएगा
अस्तित्व ज़रूर मिल जाएगा

Search For Existence

Human, for centuries
Has been seeking his own existence
Now confidently asserts
The source of my being

Wandering into mind and matter
Looking for truth in the triad
Sometimes, self absorbed
He looks for answers in yoga

Advising to read jurisprudence
Looks in me for evidence
Sometimes, a source of energy
Finds me in the microscopic atom

Overwhelmed by the knowledge of the Vedas
Tries to find me in rituals
Sometimes, from the principle of Advaita
Claims to attain divine knowledge

Considers himself a devotee
Makes me Lord Krishna
First, keeps me separate from unto
Then, he merges his identity with me

Happiness is life
Or life is full of sorrow
Multiple perspectives lead to truth
He aims for liberation from bondage

The wandering nature of man
Leads him to self-doubt
Then, why is man
Led by someone else's truth

Take a look inside you
Find your own truth
Talk to your inner self
Discover the reason for your existence

10

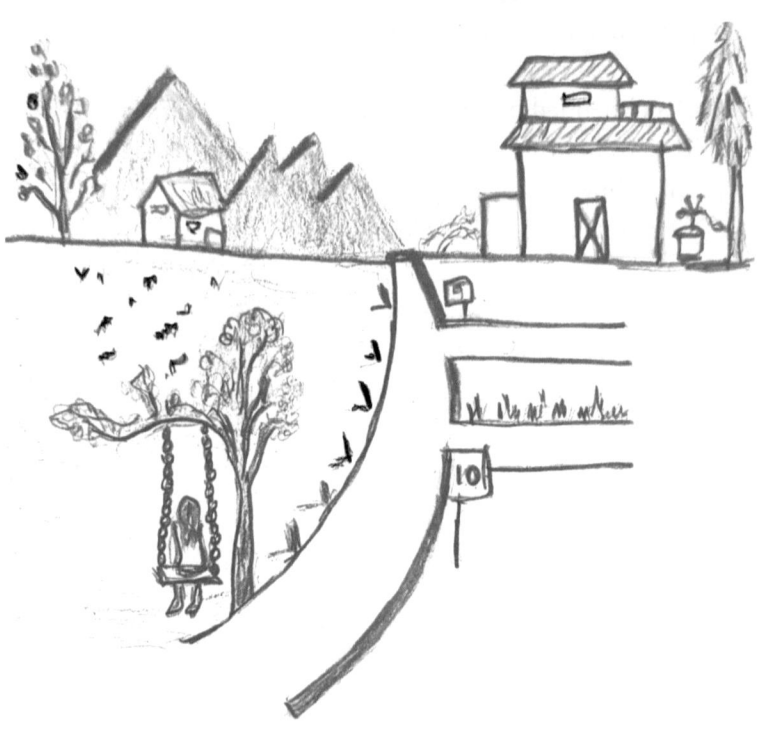

14

पुराना शहर

हर सुबह जब वो
उगते सूरज को देखता होगा
तो पूरब में बसा मैं
उसका पुराना शहर
उसे याद तो आता होगा

मेरी गलियाँ और बाज़ार
उसके दोस्तों के अड्डे
सब मिलने को हैं आतुर
उनकी पुकार से बेपरवाह
वो कहाँ भटक रहा होगा

ममता, लगाव, हंसी
प्यार, अल्हड़पन, दोस्ती
सब भरपूर मिला उसको
फिर वो क्या था जिसे ढूँढने
वो मुझसे दूर गया होगा

विकास के पुराने मापदंड
ख़ुशी के घिसे पीटे आयाम
रूढ़िवाद से ग्रस्त पुराना शहर

कहते है लोग अब तो मान लो
इसी से वो रूठ के गया होगा

विचारों का खुलापन
जीने के नये तौर तरीक़े
अपनाओ तो वापस आऊँ
शायद वो मुझसे खुल के
कह नहीं पा रहा होगा

बदल दो पुराना चोला
नयी सोच में ढालो मुझे
मत जाओ यहाँ से
क्या मेरी इस इच्छा को
वो सुन पा रहा होगा

हर शाम जब मैं
डूबते सूरज को देखता हूँ
तो लगता है कल कोई
मुझे बदलने मुझे अपनाने
वापस आ रहा होगा

Old City

Every morning when he
Watches the rising sun
Would he be thinking of me
His old city
Nestled in the east

My streets and markets
His friends' hangout
Everyone is eager to meet
Heedless of their calls
Where will he be wandering?

Affection, attachment, laughter
Love, frivolity, friendship
He's got everything
Then, what was it to look for
He went away from me?

Old standards of development
Battered dimensions of happiness
I am a conservative old town
People say, accept it now
As a reason, perhaps, he left

Openness of mind
New ways of living
Accept them wholeheartedly
I want to come back—
He seems hesitant to say this

Reform me as you wish
Rewire me with new thoughts
Don't go away from here
Will he be able to hear
This one wish of mine?

Every evening, when I
Watch the setting sun
It seems tomorrow
He will come back
To change me, to adopt me

15

कड़वा सत्य

सवाल मत पूछो
अब समय हमारा है
तुम कौन होते हो
जनतंत्र में राज हमारा है

तुम्हारा समय था
तुमने मनमानी की
आज हमारी बारी है
अब हक़ हमारा है है

तुमने आदर्शों को
अपने चश्मे से देखा
आज सोच फ़र्क़ है
नया चश्मा हमारा है

इतिहास बनता नहीं
लिखा जाता है
सच अपने नज़रिए से
ही देखा जाता है

हमारी बात मान लो
हमें बहस पसंद नहीं
तुम अपना पेट भरा
और दिमाग़ ख़ाली रखो

हम गणतंत्र के रक्षक
देश के पहरेदार है
तुम सिर्फ़ सैनिक हो
बलिदान को तैयार रहो

इतिहास से हमने बस
इतना ही सीखा है
जो विजयी होता है
उसको ही सबने पूजा है

Bitter Truth

Don't ask questions
It is my time now
I am the chosen one
I rule in a democracy now

When it was your time
You did what you felt
Now, it is my time
It is my right now

You saw ideals
From your lens
My thinking is different
Mine is the new lens

History is not made
It is written by the victorious
Truth is not universal
People in power define it

Please listen to me
I don't like arguments
Keep your stomach full
And mind empty

I am the saviour of the republic now
To save the country
Consider yourself a soldier
And be ready for sacrifice

History is cruel
It teaches us
One who is victorious
Is only worshipped

16

प्रेमगीत

चले आओ साथी छुपे हो कहाँ तुम
ये मनवा बुलाए छुपे हो कहाँ तुम

अरमानों ने बुझे मन को फिर से मनाया
उमंगो ने कनखियों से दिल को बताया
सर्द मौसम ने खुलकर ली अँगड़ायी
खनकती धूप ने अपनी बाँहें फैलायी
कैसे सम्हाले इस दिल को अब हम
जा रहा है उधर जिधर है हमदम
चले आओ साथी छुपे हो कहाँ तुम
ये मनवा बुलाए छुपे हो कहाँ तुम

खेतों में फूल रही सरसों की हलचल
अमवा में बौरों का बढ़ना ये पल पल
फूलों पे इठलाती तितलियों की गुनगुन
मस्ती में झूमते भौंरों की रुनझुन
हवा के परों पे रूमानी इशारे
रह रह के बस तुम्हें ही पुकारे
चले आओ साथी छुपे हो कहाँ तुम
ये मनवा बुलाए छुपे हो कहाँ तुम

राग बसंती की वो सुमधुर ताने
मधुर मिलन के मन मोहक गाने
फाग की ताल में नाचते तनमन
हर पल बजती कानो में सरगम
होंठो पे खेलते प्रेम के गीत
आवाज़ दे रहे कहाँ है मीत
चले आओ साथी छुपे हो कहाँ तुम
ये मनवा बुलाए छुपे हो कहाँ तुम

Song Of Love

Oh! Come, my beloved
My heart longs for you

Desires awakened my sleeping mind
Exultations through my eyes sheepishly reached my heart
The cold weather yawned lazily
The tinkling sunlight opened its arms
How do I pacify this heart now?
Going away to where my beloved is
Oh! Come, my beloved
My heart longs for you

In the fields, the mustards are bustling
The flowers blooming in the mango buds
The butterflies flitting on the flowers
The bees buzz in their happy dance

Romantic gestures on the wings of the wind
All of these call out for you
Oh! Come, my beloved
My heart longs for you

The sweet strains of Raga Basanti
The tempting songs of sweet meetings
The beating of hearts in the Phagun
The musical rhythm in my ears
The love songs playing on our lips
Calling out to my soulmate
Oh! Come, my beloved
My heart longs for you

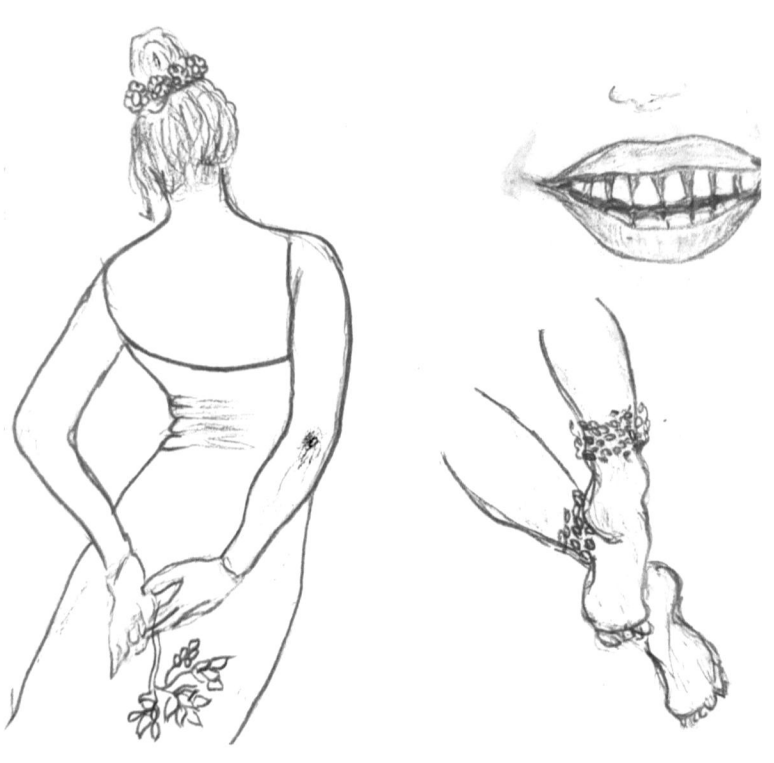

17

बसंत का आगमन

ये जो मधुर बसंत हर बार आता है
मिट्टी में दबे किसी बीज की मानिंद
सोयी, अनदेखी, बुझी, मुरझाई सी
मेरी किसी इच्छा को फिर जगा जाता है

कुछ पाने की, किसी को भुलाने की
कहीं जाने की, किसी से मिलने की
सपनो की, दिख रही उन मंज़िलों की
किसी मीठी कसक को उकसा जाता है

ख़ुशी के, जी भरके हँस लेने के
उमंगो के, पतंग की तरह उड़ने के
उत्साह के, फिर प्रयास करने के
नाजाने कितने अहसास करा जाता है

ये जो स्नेहिल बसंत हर बार आता है
मेरी किसी इच्छा को फिर जगा जाता है

Oh Spring!

Oh, this sweet spring that returns every year
Like a seed buried deep in the earth
Sleepy, unseen, withered
Awakens a sleeping desire in me

To achieve something, to forget someone
To go somewhere, to meet someone
Of dreams, of the distant peaks
Awakens some sweet pain in me

Of happiness, of heart-filled laughter
Of unbridled joy, to fly like a kite
Of excitement to try again
Awakens so many feelings in me

This warm spring that returns every year
Awakens a sleeping desire in me

18

विनम्रता

कोई समंदर या तूफ़ान नहीं
हम एक बूँद या ज़र्रा सही
नहीं बनना तारीख़ का पन्ना
छू जाएँ ये अहसास सही

ढेरों उम्मीदें या ख़्वाहिश नहीं
एक चाह एक साथ सही
नहीं सोचना कल की ज़्यादा
जी लें आज ये पल सही

बहुत साज या सामान नहीं
एक किताब या गीत सही
झकझोर दे मन को अपने
उठे जब ऐसे विचार सही

बहुत आवाज़ या शोर नहीं
एक शब्द या मौन सही
साथ है वो मेरे सदा
रहे जब ये विश्वास सही

Humility

Neither the ocean nor the storm
Only a drop of water or a particle, maybe
I don't want to be famous either
Happy if I touched a heart

Neither a multitude of dreams nor wishes
Only a wish to be together, maybe
I don't want to think about tomorrow
Happy to be in this moment only

Neither too many goods nor instruments
Only a book or a song, maybe
Something that can stir the mind
Wish I had some thoughts on it

Neither too many sounds nor noise
Just a word or silence, maybe
That she is always with me
Let me forever have this faith

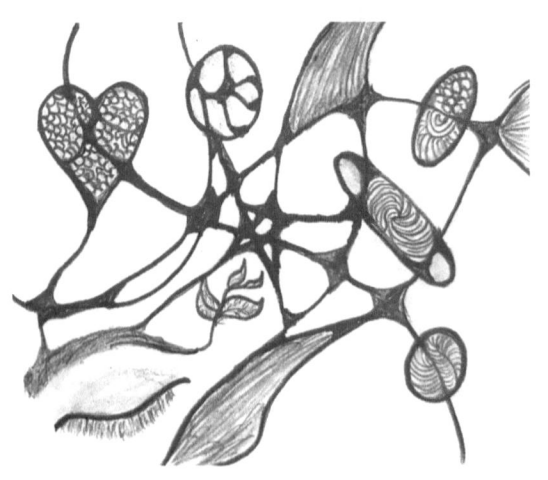

19

आओ सपने देखो

हाँ ये सच है कि मैं सपने बेचता हूँ
तपते मरुस्थल में हिमलहरी बेचता हूँ

असल में नहीं तो ख़्वाब में हो
ज़िंदगी की कुछ चाल तो हो
किसी का दिल बहलाने को
उसकी सोयी आशा जगाने को
तारों का हार पिरोता हूँ
हाँ ये सच है कि मैं सपने बेचता हूँ

नयी राह की तलाश तो हो
उम्मीद हो कुछ उल्लास तो हो
बुझे चेहरों पे हँसी जगाने को
खोई ख़ुशी वापस लाने को
बंद रास्तों के आगे देखता हूँ
हाँ ये सच है कि मैं सपने बेचता हूँ

सपनो के पानी से सींचा तो हो
वर्तमान का अंकुर मचलता तो हो
एक नयी पौध लगाने को
कल का तरु बनाने को

एक ज़मीन तैयार करता हूँ
हाँ ये सच है की मैं सपने बेचता हूँ

पता तुमने मेरा खोजा तो हो
अपने आस पास देखा तो हो
तुम्हें अपने आप से मिलाने को
तुम्हारी धड़कन तुम्हें सुनाने को
तुमसे तुम्हारी आवाज़ सुनता हूँ
हाँ ये सच है की मैं सपने बेचता हूँ

Your Dreams

Yes, it is true that I sell dreams
Like snowflakes in the sweltering desert

If not in reality, then in your dreams
Let life have a path
To kindle someone's hope
To kindle someone's heart
I weave a garland of stars
Yes, it is true that I sell dreams

Let me search for a new path
Let there be hope, a bit of joy
A smile on dreary faces
To bring back lost happiness
To look beyond the end of the road
Yes, it is true that I sell dreams

Let it be watered with dreams
The buds of your present times
Let me create the fertile ground
To plant one new seed
For a better tomorrow
Yes, it is true that I sell dreams

You would have searched for me
Looked everywhere for me
To get you to meet your own self
To get you to listen to your own heartbeat
To get you to listen to your own voice
Yes, it is true that I sell dreams

20

तलाश

अपने ही अंदर कुछ ढूंढ़ता
मैं अपने आप को देख रहा था

एक अरसे से बेचैनी में जागा
विचारों से उलझता निपटता
कभी चाँद तारों से खेलता
तो कभी शून्य में देख रहा था

शब्दों के जाल से परे मौन
अपनी भी आवाज़ से बेख़बर
पर्वत सा निश्चल शांत स्थिर
वो नयी राह खोज रहा था

राह मिलती नहीं थी उसको
ना जीना था उसी तरह से
जी लिए अपने लिए बहुत
कुछ अलग ही सोच रहा था

अनजाने सफ़र का भय
या मुट्ठी खुलने का डर
ज़िम्मेदारियों के बंधन
कुछ तो रोक रहा था

अजब सी ऊहापोह है
ना ठहरा ना चल रहा है
धुँध सी है ज़हन पे
किसकी ओर देख रहा है

शायद और वक़्त लगेगा
वो आवाज़ अंदर से आएगी
कुछ छूटने का डर हटेगा
राह खुद-ब-खुद मिल जाएगी

The Search

Searching within myself
While looking at myself

Awake in my uneasiness for some time
Fighting with my thoughts
Sometimes, playing with the stars
Sometimes, staring at the emptiness

In silence, away from the trap of words
Oblivious of my own sound
Quiet, still, motionless like the mountains

Searching for new paths

New paths alluded him
He did not want to live the same way
That he has lived a lot for himself
He now had different thoughts

The fear of the unknown journey
Or the fear of opening the closed fist
Or the strings of responsibilities
Something was stopping him

In some unusual dilemma or doubt
He seems to be stuck in it
The mind is covered by fog
What is he searching for?

Maybe it will take more time
For that inner voice to ring out
The fear of losing something will wither
And the path will find its way

21

ओझल प्रेमी

देखो ये कैसा प्रेम संदेश आया
कोयल ने अमवा पे डेरा लगाया

सुनी तुमने वो कोयल की बोली
बौरन लिए अपनी प्रीत कैसे खोली
अमवा के पेड़ पे बौर जब छायी
हर बार वही मधुर आवाज़ आयी

ना जाने कैसा है प्यार ये उसका
यूँ तो नहीं संदेश हो किसी का
ना जाने कौन है वो ओझल प्रेमी
भेजता संदेश सखी संग हमेशा

Unknown Lover

Oh, did you hear that lovely voice
The cuckoo is back in the mango tree

Her voice seems to express
Her love for the flowers
Whenever they blossom
She is back with her beautiful voice again

What is this love, we do not know
She seems to carry a message
Like a disguised lover who sends
Messages through his good friend

22

विविधता

तुम मुझसे इतने ख़फ़ा क्यूँ हो
मैं तो तुम्हारा ही एक भिन्न रूप हूँ
इस जीवन की एकरस्ता दूर करता
ग़ौर से देखो तुम्हारा ही प्रतिरूप हूँ
अलग सोच, विचार अलग, आहार भिन्न
हो सकता है थोड़ा अलग व्यक्तित्व हूँ
डरता तो नहीं पर सोचने को मजबूर
इंसान की ऐसी इंसानियत से आहत ज़रूर हूँ
मुझे तो हर रंग से सराबोर बसंत बेहद पसंद है
तुम एक ही रंग के क़ायल क्यूँ हो
मुझे तो कई सुरों से सजे राग पसंद हैं
तुम विविधता से इतने नाराज़ क्यूँ हो
मेरा सच मेरी अपनी ज़िंदगी और अनुभव हैं
इस बात से तुम इतने अनजान क्यूँ हो
बोलो तुम मुझसे इतने ख़फ़ा क्यूँ हो

Diversity

Why are you angry with me?
I am a different form of you
Bringing diversity into nature
I am more like an alter ego of you
My choices of food, habit and thinking
May make me different from you
I don't have fears of being different
But I am hurt by this treatment from you
I love spring for a bouquet of colours
Why is your obsession with a single colour?
I love melodies with different keys
Why is multiplicity a cause of anger to you?
My truth is my experiences and my life
What makes it indifferent to you?
What upsets you?

23

शालीन स्वीकृति

आसान नहीं है
क़तरा क़तरा गलते जाना
पर बढ़ती उम्र को झुठलाना
सूखे पत्तों की चरमराहट को नज़रंदाज कर
नयी कोपलों के खिलने पर मुस्कराना

आसान नहीं है
अपनी चाहत की फ़हरिस्त से
एक एक नाम हटाते जाना
अपनी ख़्वाहिशों को कम कर
औरों की ख़ुशियों में शामिल होते जाना

आसान नहीं है
अपनी रफ़्तार को धीमी कर
दूसरों को सहारा दे बढ़ाते जाना
धीमी पड़ती अपनी लौ से
कुछ नयी मशालो को जलाते जाना

Graceful Acceptance

It is not easy
To fade away bit by bit
And to deny growing old
To ignore the creak of dry leaves
And smile at the blooms

It is not easy
To give up the desires
You cherished most
To reduce one's aspirations
And seek them in others' happiness

It is not easy
To slow down your speed
And help others run faster
And from your dimming light
To ignite new torches

DREAMS

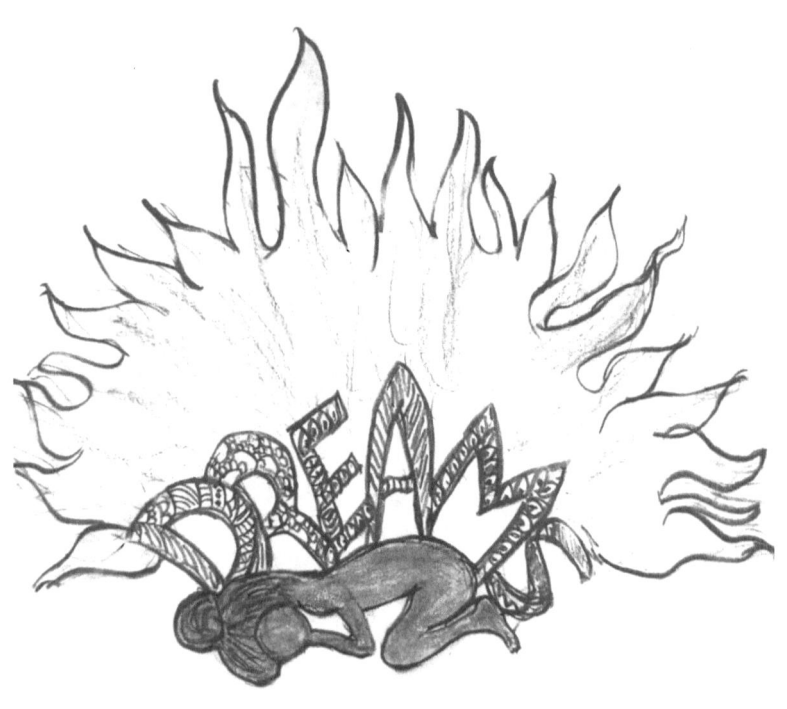

24

दंगों की तपिश

ना जाने किसके ख़्वाबों की आँच
मेरे घर को जला गयी

मैं तो आफ़ताब नहीं
दीपक बन के ख़ुश था
तुम भी महताब की चाह छोड़
मोती बनकर ख़ुश थीं
उम्र के पलों से घिस कर जिस
ज़िंदगी को निखारा था
क़तरा क़तरा जोड़कर जिस
वर्तमान को सजाया था
सब तो ठीक सा लग रहा था
संतोष में जीवन तृप्त लग रहा था
फिर ये किसके अरमानो की हवा
मेरा आशियाना उड़ा ले गयी
ना जाने किसके ख़्वाबों की आँच
मेरे घर को जला गयी

Riots—Who Suffers?

Wonder whose flame of desires
Burnt down my house

Not aspiring to be the sun
I was happy being a lamp
Not aspiring to be the moon, my love
You were also happy being a pearl
I wore out the moments of my age
To brighten up my life
Piecing together the little bits
To build my present

Everything seemed just fine
And life seemed happy and satisfied
But then, whose winds of desire
Blew away my house
Wonder whose flame of desires
Burnt down my house

25

संतोष

तुम कुछ गुमसुम से कुछ उदास दिख रहे हो
गुज़री ज़िंदगी का शायद हिसाब लिख रहे हो
जो है उसकी ख़ुशी भूलकर
जो ना मिला उसके लिए बेचैन हो रहे हो
जो नहीं है क्या वाक़ई चाहिए था
या औरों के पास देख के हैरान हो रहे हो
जो है तुम्हारे पास वो बहुतों से ज़्यादा है
ना जाने क्यों व्यर्थ में परेशान हो रहे हो
हसरतों की आड़ में आज निकल जाएगा
ना जाने कौन अपना फिर ना मिल पाएगा
देखो तो तुमने कितने गहरे निशान छोड़े है
कितने दिल छुए है कितने रंग बिखेरें हैं
यक़ीन मानो कुछ मुस्कुराहटे तुम्हारा इंतज़ार कर रही हैं
कुछ यादें यक़ीनन तुम्हारी राह देख रही हैं

Contentment

You seem a bit lost, a bit sad
Maybe tallying the life that has passed
Forgetting the joy of what you have
Feeling restless for what you don't
Do you really need what you don't have?
Or are you astonished seeing others have it
What you have is more than most others have
Wonder why you are unnecessarily worried
Your present will pass away in this sorrow
Wonder when you meet your loved ones again
Look at all the deep impressions you have left
The hearts touched, and the colours spread
Trust me, a lot more smiles await you
Some memories surely are waiting for you

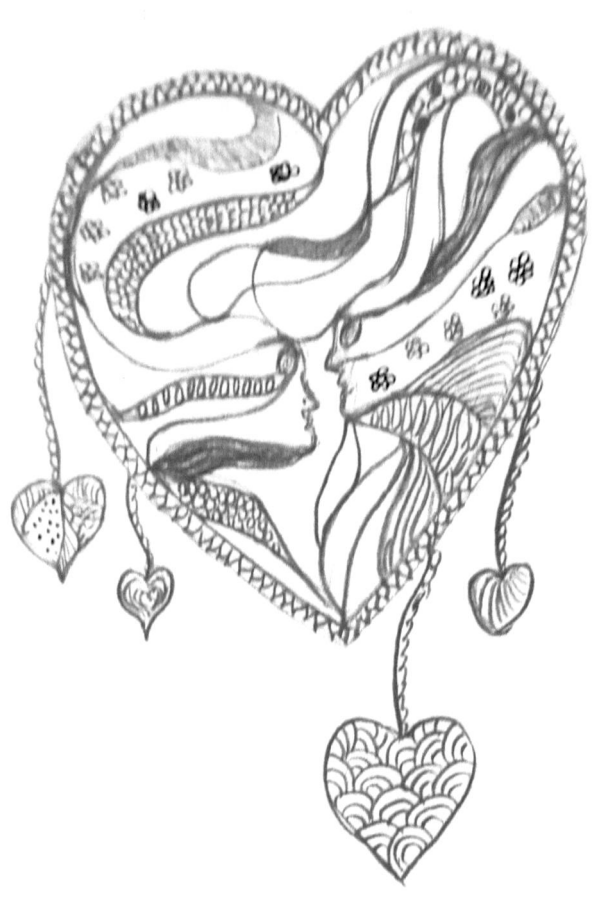

26

गुमनाम इश्क़

मेरी हसरतों को यूँ हवा ना दो
ज़मीं से जुड़ा हूँ ज़मीं पर ही रहने दो
मोहब्बत की मंज़िल की कोई ठौर नहीं
मुझे चाहत के मंज़र में ही क़ैद रहने दो
बेलगाम इश्क़ की दास्ताँ अक्सर ग़मगीं होती है
मुझे मीठी सी ख़ुशी के आग़ोश में रहने दो
इश्क़ के बयान से डर लगता है मुझे
मेरी चाहत को मेरे पास ही रहने दो
सुना है इश्क़ के इज़हार से बड़ा नाम होता है
पर तुम अपने इश्क़ में सराबोर मुझे गुमनाम ही रहने दो

Anonymous Love

Do not fan my unfulfilled desires
Let me remain grounded
Love I know has no destination
Let me remain bound in your love
An unbridled love story ends in despair

Let me remain with your sweet memories
I am scared of expressing love
Let my wantings remain with me
Expressing love will make me famous
Let me remain anonymous in your love

27

पुरानी यादें

तेरे वादे, वो सारी तहरीरें
इश्क़ की हर बात याद आयी

गुज़र जाते थे चंद पलों में
सुबह और शाम के फ़ासले
वक़्त के उन ख़ूबसूरत लमहों में
अब भी किसी झील सा ठहरा
कह ना पाया कभी जो तुमसे
दिल में दबी हर बात याद आयी

ख़्वाहिशों को कम कर ना सका
अंतहीन सफ़र में चलता भी गया
भीड़ में एक अनजाना सा चेहरा जैसे
किसी अपने की तलाश में उलझा
क्यूँ कह ना सका अपने मन की बात
इश्क़ की वो नाकामी याद आयी

तेरे वादे, वो सारी तहरीरें
इश्क़ की हर बात याद आयी

Old Memories

Your promises, all your written words
All those words of love, I remember

Disappearing for a few moments
The distance between dawn and evening
Those beautiful moments in time
Still—like a frozen lake
All those words I never said to you
All those hidden words in my heart, I remember

I could not lessen all my aspirations
I kept walking on to my destination
Like an unknown face in the crowd
Lost in the search for someone, my own
Oh, why could I not speak my mind
That love I lost, I remember

Your promises, all your written words
All those words of love, I remember

28

इंसानियत का जुनून

किसी का दिल दुखाकर
यूँ उदास क्यों हो रहे हो
ये इंसानियत का जुनून लिए
तुम क्यों घूम रहे हो

कहीं दलदल है तो कहीं
कल कल करते झरने
ये कैसा फ़ितूर की हर तरफ़
तुम निर्मलता ढूँढ रहे हो

हिंसा से साम्राज्य बने है
राष्ट्रों के आकार बने हैं
ये कैसा भ्रम की हर बार
भाईचारे की बात कर रहे हो

कोई अमीर कोई ग़रीब
कोई शासक कोई शोषित
ये कैसा ग़म की सबकी
बराबरी की बात कर रहे हो

अधूरी ज़िंदगी उपेक्षित गाँव
उफनते शहर अनगिनत अरमान
ये कैसा हठ की तुम सबके
अधिकारों की बात कर रहे हो

जाति, वर्ण, धर्म में जकड़े
पढ़े लिखे पर भीड़ में भेड़िये
ये कैसा दीवानापन की इनसे
सामाजिकता की आस देख रहे हो

Passion For Humanity

After hurting someone
Why are you feeling sad?
Why are you carrying
The passion for humanity with you?

Somewhere, there are swamps
And somewhere, pristine waterfalls
Isn't it too much
Looking for purity everywhere?

Empires are built on violence
Nations are shaped by it too
Isn't it too much
Expecting brotherhood from everyone?

Some are rich, some poor
Some rule, some are oppressed
Isn't it too much
Expecting equality for everyone?

Incomplete lives, neglected villages
Overflowing cities, countless desires
Isn't it too much
Talking about rights for all?

Caught in caste, creed, religion
Educated, but wolves in the crowd
Isn't it a madness
Expecting social norms from them?

29

मानव - स्वभाव

तुम उत्सुक हो, बुद्धिमान हो
इस सृष्टि की जान हो
तुम्हारे हुनर के जलवे हैं
संभावनाओं की परतें खोलने में
तुम निःसंदेह महान हो

मैं चाँद की ख़ूबसूरती को
दूर से निहारता रहा और
नाजाने कितने ख़्वाब
उसको देख बुनता रहा
तुम उसके क़रीब जाकर
उसका सच जान आये

फूल जो डालियों में झूमकर
तितलियों को रिझाता रहा और
उनके प्रेम के स्वाद से
ख़ुद को महकाता रहा
तुम उसको गुलदस्ते में सजाकर
अपने प्रेमी को दे आये

नदी जो चंचल लहराती
बेख़ौफ़ पहाड़ो से चल पड़ी और
अपनी निर्मल कलकल ध्वनि से
अशांत चित्त को बहलाती रही
तुम उसकी राह में बाँध बनाकर
उसके बहाव को कम कर आये

देवदार के दरख़्त जो उचककर
बादलो से खेलते रहे और
कितने ही पक्षियों को
अपने आग़ोश में समेटे रहे
तुम उनकी लकड़ियों से अपने
घर की चौखट बना लाए

पक्षी जो खुले आकाश में
निडर उड़ान भरते रहे और
देश की सीमाओं से अनजान
खुले दिल से सबको अपनाते रहे
तुम अपना दिल बहलाने के लिए
उनको पिंजरे में क़ैद कर लाए

देखते है तुम्हारी उत्सुकता की उड़ान
और कौन से आयाम तय करती है
संतुलन के साथ आगे बढ़ती है या
समन्वय को नज़रअंदाज़ करती है
अपनी बुद्धि का तुम्हें गुमान तो हो
मगर सृष्टि का अपमान ना हो

Human Nature

Deeply curious, intelligent
A shining star of this world
Human skills are legendary
In unravelling the possibilities
You are undoubtedly great

Flowers swung in the branches
Attracting butterflies and
With the taste of their love
Kept radiating a divine smell
You put them in a vase
And gave it to your lover

The river weaving playfully
Rolled through the mountains and
With its gentle murmur
Soothed many a troubled mind
You put a dam in it's path
And reduced the flow

Cedar trees that jump up
Playing with the clouds and
Shelter many birds
In it's arms
You cut its wood
And built your house

Birds in the open sky
Flying fearless and
Ignorant of the country's borders
Accept everyone with a free heart
You put them in a cage
To soothe your nerves

Hope the flight of your curiosity
Takes positive dimensions
It moves forward with balance and
Love for all creatures
You be proud of your intelligence
But do not undermine the creation

30

खंडहर

कितने बरस सहा होगा
फिर वो खंडहर बना होगा

एक दास्तान बुलंद रही होगी
एक शहर आबाद रहा होगा
किसी की नाकामी रही होगी
या फिर नसीब रूठ गया होगा
ढूँढो कुछ यादें दबी होंगी
कोई गुमनाम चला गया होगा
कई ख़्वाब पूरे हुए होंगे
कोई साया मंडरा रहा होगा
उसके मौन में कोई तो सीख होगी
जो हमारे लिए छोड़ गया होगा

इन झड़ते पत्थरों में अब
जीवन नहीं कहानी रहती है
किसी सफ़र पे कोई कारवाँ था
उसकी बस निशानी रहती है
इन खंडहरों में चढ़ते उतरते
अपना चलचित्र भी उभर आता है
परत दर परत पन्ने उलटते

सब साफ़ साफ़ नज़र आता है
वहाँ का सन्नाटा जैसे कह रहा है
अपने सफ़र से क्यों नाखुश हो
इतिहास किसी और का पल था
ये समय तुम्हारा है इसे सँभाल लो

Ruins: History Retold

How many years has it borne
To become a ruin

This place might have a glorious past
A city might have flourished here
Someone would have failed
Or maybe it was just bad luck
Some would have left legacies
Some would have gone unnoticed
Some dreams would have been realised
Some would have gone unfulfilled
There must be a lesson in its silence
These ruins have left behind for us

Now, in these rambling stones
Only stories are left
There was a caravan on a journey
Only its sign remains
Climbing through these ruins
My story flashes before me

Turning pages one by one
Everything becomes crystal clear
The silence seems to be asking
Why are you unhappy with your journey?
History was someone else's moment
The present is your time; seize it

www.ingramcontent.com/pod-product-compliance
Lightning Source LLC
LaVergne TN
LVHW041848070526
838199LV00045BA/1503
9789356488694